**Martin Richter**

# Die wichtigsten Web-Standards. Ein Überblick

## Standards für integrierte Anwendungssysteme

GRIN Verlag

**Bibliografische Information der Deutschen Nationalbibliothek:**

Die Deutsche Bibliothek verzeichnet diese Publikation in der Deutschen National-
bibliografie; detaillierte bibliografische Daten sind im Internet über http://dnb.d-
nb.de/ abrufbar.

**Impressum:**

Copyright © 2012 GRIN Verlag GmbH
Druck und Bindung: Books on Demand GmbH, Norderstedt Germany
ISBN: 978-3-656-43742-0

**Dieses Buch bei GRIN:**

http://www.grin.com/de/e-book/214382/die-wichtigsten-web-standards-ein-ueber-
blick

**GRIN - Your knowledge has value**

Der GRIN Verlag publiziert seit 1998 wissenschaftliche Arbeiten von Studenten, Hochschullehrern und anderen Akademikern als eBook und gedrucktes Buch. Die Verlagswebsite www.grin.com ist die ideale Plattform zur Veröffentlichung von Hausarbeiten, Abschlussarbeiten, wissenschaftlichen Aufsätzen, Dissertationen und Fachbüchern.

**Besuchen Sie uns im Internet:**

http://www.grin.com/

http://www.facebook.com/grincom

http://www.twitter.com/grin_com

# Assignment

## Thema

Stellen Sie einen Management-Überblick über relevante Standards zum Thema funktionsbezogene und integrierte Anwendungssysteme zusammen. Erläutern Sie den Inhalt des Standards und seine Bedeutung.

Martin Richter

# Inhalt

## 1.   Unternehmensbeschreibung und Hintergrundinformationen

Die Firma SPEEDSTEEL AG ist ein global agierendes Unternehmen im Anlagen- und Maschinenbau. Sie stellt Aufzüge und Fahrstühle für Unternehmen jeder Größe her.

Die SPEEDSTEEL AG ist seit 2001 börsennotiert und betreibt über 80 Betriebsstätten in mehr als 10 Ländern. Es werden jährlich mehr als 2.600 neue Aufzüge und Rolltreppen ausgeliefert. Gewartet werden jährlich über 52.000 Aufzüge und Rolltreppen, sowie 80.000 automatisch betriebene Türen und Tore.

Der größte Wettbewerbsvorteil wird bei der Flexibilität in der Planung, Entwicklung, Produktion und Kundenbetreuung gesehen.

Im Zuge der anstehenden Integration eines Enterprise Ressource Planning Systems (ERP-System) mit den bestehenden Computer Aided Design und Computer Aided Manufacturing (CAD-CAM) und Produktionsplanungs- und Steuerungs-System (PPS) wird, seitens des Managements, größter Wert darauf gelegt die bestehende Flexibilität nicht zu beeinträchtigen oder wenn möglich noch weiter auszubauen.

## 2.   Finalziel

Es ist gewünscht dem Management einen Überblick darüber zu verschaffen, welche Standards für die Anbindung des ERP-Systems existieren und welchen Zweck (Inhalt) diese Standards erfüllen. Weiterhin soll ein Bezug auf die Bedeutung für die SPEEDSTEEL AG hergestellt werden, sodass das Management eine Entscheidung treffen kann, welche auf der Grundlage von validen Informationen basiert und der strategischen Unternehmensplanung am besten entspricht.

### 2.1  Abgeleitete Modalziele

Entsprechend der Geschäftspolitik des Unternehmens, sollen sich die Renditen und damit die Wirtschaftsleistung, langfristig verbessern. Da durch den Einsatz von Standards im Integrationsumfeld, die Einnahmesituation nicht signifikant beeinflusst werden kann, muss geprüft werden inwiefern eine langfristige Kostenreduktion erzielt werden kann. Je nach Wettbewerbssituation und Nachfrageelastizität könnte durch die Kostenreduktion die taktische und operative Vertriebspolitik flexibler auf Änderungen der genannten Variablen reagieren, um die Renditen langfristig zu maximieren.

Das erste Modalziel, im Sinne der Gewinnmaximierung, ist somit die Kostenreduktion durch den Einsatz von Standards.

Weiterhin muss sichergestellt sein, dass die Erreichung des Finalziels auch langfristig gewährleistet werden kann. Nur durch Kontinuität und Ausnutzung von Skaleneffekten, kann der Einsatz von Standards langfristig von Nutzen sein. Die Amortisationszeit des Investitionskapitals muss möglichst minimal sein, darf jedoch dem Ziel der Kontinuität nicht abträglich sein.

Das zweite Modalziel, im Sinne der langfristigen Wirksamkeit der avisierten Renditen, ist somit die Sicherung der Kontinuität.

Im Rahmen dieser Arbeit beschränken wir uns lediglich auf diese beiden Modalziele, wohlwissend, dass es noch weitere mögliche Modalziele gibt, welche das Finalziel (auch im Sinne des Einsatzes von Standards) unterstützen.

## 3.    Begriffsdefinition

Die Begriffe „Standard" und „Integration" bedürfen an dieser Stelle einer kurzen Definition, um klar zu stellen wie diese im Folgenden verwendet werden.

### 3.1    Standard

„Ein Standard ist eine grundlegende Technik, ein Anwendungsprogramm oder ein Datenformat mit weiter Verbreitung und allgemeiner Anerkennung. [...] Standards werden darüber hinaus auch von Normeninstitutionen festgelegt. Solche Normen werden in Deutschland bspw. vom DIN definiert, in den USA von der ANSI und auf internationaler Ebene von der ISO." [1]

Da die Integration der angesprochenen Systeme über das Intra- / Extra- bzw. das Internet durchgeführt wird, welche dieselbe Datenübertragungstechnologie nutzen, können wir spezieller von „Internetstandards" sprechen. Ein Internetstandard wird international vom technischen Beratungsgremium (Internet Engineering Steering Group (IESG)) der Internet Society (ISOC) als Internetstandard vorgeschlagen. Legitimiert wird dieser Vorschlag durch das

---

[1] [CLex]

Internet Architecture Board (IAB). Die Autorisation bezieht es zum einen aus dem Fakt, dass das abgeleitete Gremium (Internet Engineering Task Force (IETF)) aus dem Internet Configuration und Control Board (ICCB) geformt hat, welche den Vorreiter des Internets, das Advanced Research Projects Agency Network (ARPANet), maßgeblich mitentwickelt hat. Zudem handelt es sich bei den benannten Gremien um Zusammenschlüsse von Spezialisten aus allen relevanten Fachgebieten, welche zur Weiterentwicklung der Internets beitragen und somit die breite Anerkennung der Nutzer erhalten.

Die Definition eines Internetstandards durch die IESG lautet wie folgt:

„In general, an Internet Standard is a specification that is stable and well-understood, is technically competent, has multiple, independent, and interoperable implementations with substantial operational experience, enjoys significant public support, and is recognizably useful in some or all parts of the Internet." [2]

Ein "Proposed Standard" muss zunächst einen Definierten Prozess durchlaufen, um schließlich als Standard zu gelten. Da die detailliertere Erörterung dieser Thematik jedoch den Rahmen des Assignments weit übertreffen würde, verweise ich an dieser Stelle auf die Lektüre der ISOC.

Da wir uns folgend, aus den genannten Gründen, speziell auf die Internetstandards beziehen, wird folgend der Begriff "Standard" synonym verwendet.

### 3.2    Integration

Allgemein bezeichnet man mit „Integration" (lat. integrare) die „Wiederherstellung eines Ganzen". [3] Mertens teilt die möglichen Ausprägungen der integrierten Informationsverarbeitung in die Kategorien Integrationsgegenstand, Integrationsrichtung, Automatisierungsgrad, Integrationszeitpunkt und Integrationsreichweite ein.

---

[2] [IETF]
[3] vgl. [Merstens]

Man könnte diese Kategorien auch als verschiedene Sichtweisen auf die eigentliche Integration beschreiben, sodass der Fokus jeweils auf ein bestimmtes Merkmal der Integration gelegt werden kann.

Da Standards, wie bereits definiert, Vereinbarungen mit allgemeiner Anerkenntnis und weiter Verbreitung darstellen, macht es Sinn den Fokus in diesem Fall auf die Integrationsreichweite zu legen und zu prüfen welchen Nutzen der Einsatz von Standards jeweils stiften könnte. Die Integrationsreichweite nutzt als Bezugspunkt die jeweiligen Unternehmensgrenzen und teilt folgerichtig in die innerbetriebliche und zwischenbetriebliche Integration.

Die innerbetriebliche Integration von Anwendungssystemen wird unter dem Begriff Enterprise Application Integration (EAI) zusammengefasst. Das Ziel von EAI ist es, Anwendungssysteme, welche ursprünglich nicht zur Zusammenarbeit mit anderen Anwendungssystemen konzipiert worden sind, so arbeiten und wirken zu lassen, als wären sie es. Prozesse können somit, über die Grenzen der heterogenen Systemlandschaft hinweg, effizient abgewickelt werden, ohne Informationsverluste und Medienbrüche hinnehmen zu müssen. [4]

Die zwischenbetriebliche Integration verfolgt letztlich ein ähnliches Ziel. Hier werden ebenfalls heterogene und nicht zur Zusammenarbeit konzipierte Systeme integriert.

Der erreichte und erstrangig für die Kunden einer Unternehmung, zu spürende Nutzen ist die deutlich verkürzte Gesamtlaufzeit, der sog. „Time to Delivery", also der Zeit vom Bestellzeitpunkt bis zur Auslieferung des Produktes.

Die zwischenbetriebliche Integration wird umso wichtiger, desto mehr Unternehmen an der Wertschöpfung des hergestellten Produktes teilnehmen und desto mehr gleichartige Daten ausgetauscht werden.

Beispiel:
Zuvor wurden u.a. Bestellungen per Post versendet. Diese Bestellungen mussten ausgedruckt, in Couverts verpackt und frankiert werden. Die Post benötigt durchschnittlich zwei Tage bis zur Zustellung und der Zulieferer hat

---

[4] vgl. [Keller]

Sachbearbeiter eingesetzt um die eingehende Post zu bearbeiten. Hier werden die einzelnen Positionen ins dortig eingesetzte ERP-System eingegeben und bei Nachfragen muss aus Nachweisgründen ebenfalls der postalische Weg gewählt werden.

Der Bestellvorgang beansprucht somit wertvolles Kapital in Form von Mitarbeitertagen, Postgebühren und viel Zeit. Zudem ist dieser Prozess durch die vielfach manuellen Eingaben sehr fehleranfällig und nicht immer eindeutig.

Beim elektronischen Datenaustausch (EDI) und der somit durchgeführten zwischenbetrieblichen Integration wird lediglich Rechenkapazität beansprucht. Über eine definierte Schnittstelle werden die Bestelldaten quasi in Echtzeit vom ERP-System des bestellenden Unternehmens, in das ERP-System des zuliefernden Unternehmens eingespeist. Dieser Prozess ist schneller, kostengünstiger und weit weniger anfällig für Fehleingaben und rechtssicher.

Sofern diese Art der Kommunikation nicht nur für Bestellungen, sondern für jedweden wiederkehrenden zwischenbetrieblichen Datenaustausch genutzt wird, kann somit langfristig von der erzielten Kostenreduktion profitiert werden.

## 4.    Relevante Standards

Als relevante Standards wurden durch die bereits benannten Gremien (ISOC, ISO, ANSI, DIN) die folgenden Standards in der Branche des Anlagen- und Maschinenbaus etabliert.

- EDIFACT – EDI For Administration, Commerce and Transport
- myOpenFactory
- ebXML – electronic Business using extensible Markup Language
- XML – extensible markup Language
- BPML – Business Process Modelling Language
- WSDL – Webservice Description Language
- SOAP – Simple Object Access Protocol
- UDDI – Universal Description, Discovery and Integration

## 4.1    EDIFACT – EDI for Administration, Commerce and Transport

EDIFACT ist ein international anerkannter Standard für den Nachrichtenaustausch im internationalen Geschäftsverkehr. Seit 1994 ist dieser Standard auch in den deutschen DIN-Normen enthalten. (DIN-Norm 16557-3)

Auf Grund der zahlreichen Anwendungsgebiete und der breiten Zustimmung durch Wirtschaft und Verwaltung (EDIFACT wird auch im B2A-Geschäftsverkehr verwendet) wurden mehrere „Subsets" gebildet, welche eine Erweiterung von EDIFACT darstellen. Branchenspezifische Informationen können mit Hilfe von Subsets in den Datenaustausch mit einbezogen werden und spezialisieren somit die Kommunikation zwischen den Teilnehmern, was insgesamt der Effizienz zuträglich ist. [5]

EDIFACT ist seit seiner Standardisierung im Jahre 1994, durch das DIN, beständig und wird stetig weiterentwickelt. Aktuelle und belastbare Zahlen über die Anzahl der nutzenden Firmen bzw. dem Marktanteil liegen zwar nicht vor, es ist jedoch davon auszugehen, dass auf Grund der breiten Unterstützung dieses Standards durch zahlreiche Großkonzerne der spezialisierten Branchen auch ein breiter Nutzerkreis vorliegen wird.

EDIFACT sollte somit als relevanter Standard für den zwischenbetrieblichen Datenaustausch berücksichtigt werden.

## 4.2    myOpenFactory

Mit myOpenFactory wird es auch klein- und mittelständischen Unternehmen (KMU) ermöglicht, EDI kostenreduzierend einzusetzen. Die Lizenzpreise liegen unter dem Durchschnitt der Konkurrenz und zudem handelt es sich um einen vergleichsweise einfachen Standard, da die Anzahl der Datenfelder, welche zur Kommunikation bereitgestellt werden, weit unter dem liegt was EDIFACT (auch ohne Subsets) nutzt. Für spezialisierte Unternehmen, welche auch andere Datenfelder in Ihrer Kommunikation benötigen, werden sog. Adapter angeboten. Diese Adapter werden einmalig vereinbart bzw. konfiguriert und stehen dann für die weitere Kommunikation dieser Unternehmung mit ihren Partnern zur Verfügung. [6]

---

[5] [EDIFACT]
[6] vgl. [MyOpenFactory]

Da es sich hier um einen noch vergleichsweise jungen EDI-Standard handelt und auch die Liste der unterstützenden Partner entsprechend kurz ist, kann davon ausgegangen werden, dass sich der Nutzerkreis ebenfalls noch nicht als konkurrenzfähig zu EDIFACT erweist. Allerdings wird die Kommunikation mit Unternehmen, welche EDIFACT benutzen unterstützt und die Investitionskosten für die Vereinbarung der Kommunikationsprotokolle liegen deutlich unter den Kosten von EDIFACT.

Langfristig wäre es möglich sich als Partner und Unterstützer von myOpenFactory zu engagieren und somit Einfluss auf die Entwicklung zu nehmen. Das Geschäftsmodell verspricht schnellen Zuwachs und zudem ist MyOpenFactory bisher auf den Datenaustausch im Anlagen und Maschinenbau ausgerichtet.[7] Dies dürfte auch für SPEEDSTEEL AG ein Proargument sein.

Nachdem sich KMU's mehrheitlich, schon auf Grund der Kostenfrage, für myOpenFactory entscheiden werden und ein einmal implementierter EDI-Standard im jeweiligen Unternehmen auch langfristigen Bestand haben wird, ist es wahrscheinlich, dass die Entwicklungsgeschwindigkeit und die Nutzergemeinde sich auch weiterhin positiv entwickeln werden.

MyOpenFactory sollte daher für die zwischenbetriebliche Integration favorisiert werden.

### 4.3    ebXML – electronic Business using extensible Markup Language
Bei ebXML selbst handelt es sich um keinen Standard, sondern um eine Beschreibungsmöglichkeit von Geschäftsprozessen mit Hilfe von XML. Es werden somit Geschäftsprozesse zu Geschäftsprozessketten verknüpft. Man kann somit feststellen, wann und wo, welche Daten und in welcher Form benötigt werden.[8] Letztlich können diese Informationen als Grundlage für die Planung des EDI dienen.

Für die Planung unserer EDI-Prozesse, kann ebXML somit kostenminimierend wirken, da die interne Kommunikation effizienter stattfinden könnte. Durch die Bestandsaufnahme bestehender Prozesse könnten so Schwachstellen identifiziert werden.

---

[7] vgl. [wikiMOF]
[8] vgl. [ebXML]

Allerdings existieren konkurrierende Werkzeuge, wie BPML / BPMN, welche auf Grund ihres vielseitigerem Funktionsumfangs gerade für Großunternehmen interessant sind.

## 4.4 XML – Extensible Markup Language

XML ist wörtlich eine erweiterbare Auszeichnungssprache. Weiterhin handelt es sich um eine sog. Metasprache, welche aus der komplexeren Standard Generalized Markup Language (SGML) entstanden ist. XML ist deutlich schlanker und hat zudem die Möglichkeit seine eigene Struktur (z.b. mit Hilfe eines XML-Schemas) zu definieren. Somit ist XML ein extrem flexibles Werkzeug für die text- und dokumentenbasierte Datenübertragung im Internet. Der XML-Standard, welcher durch das World Wide Web Consortium (W3C) als solcher definiert wurde, wird heute für vielfältige Zwecke eingesetzt. Einige dieser Anwendungszwecke wurden in den vorangegangen Punkten genannt, ein weiterer befindet sich im Bereich der Service oriented Architecture (SOA) und den sich hieraus ergebenen Webservices.[9]

## 4.5 WSDL – Webservice Description Language

Um einen Webservice zur Verfügung zu stellen werden verschiedene Komponenten/Dateien benötigt. Eine dieser benötigten Dateien ist in jedem Fall auch eine WSDL-Datei. Diese enthält die Definition des angebotenen Webservice. Sie gibt Auskunft über die angebotenen Funktionen, die Daten und Datentypen, welche der Service benötigt oder ausgibt und alle weiteren technischen Informationen zum Verbindungsaufbau. Diese WSDL-Datei wird mit Hilfe der WSDL beschrieben. Bei der WSDL handelt es sich hier um eine Metasprache, die die Möglichkeit zur Verfügung stellt ein Modell zu beschreiben, welches wiederrum konkrete Instanzen beschreibt. Wie der Name bereits sagt, ist diese Sprache spezialisiert auf Anwendungsgebiete im Webservice-Bereich.[10]

## 4.6 SOAP – Simple Object Access Protocol

Bei SOAP handelt es sich um ein Netzwerkprotokoll mit dessen Hilfe Daten übertragen werden können. SOAP ermöglicht es Methodenaufrufe an entfernten Servern durchzuführen, was für Webservices unbedingt notwendig ist.[11] Obwohl

---

[9] vgl. [EckCas]
[10] vgl. [wikiWSDL]
[11] vgl. [wikiSOAP]

es auch anderweitige Möglichkeiten gibt dies zu erreichen, hat sich dieser Standard in der Kommunikation über das Internet, auf Grund seiner Einfachheit und der Problemlosen Datenübertragung über HTTP durchgesetzt.

SOAP bildet damit ebenfalls eine wichtige Komponente eines „Webservices".

### 4.7    UDDI – Universal Description, Discovery and Integration

Mit Hilfe von UDDI werden die erstellten und angebotenen Webservices letztlich dem Nutzerkreis zur Verfügung gestellt, bzw. publiziert. Es handelt sich bei UDDI um einen Registrierungsdienst, welcher die Suche nach speziellen Services ermöglicht. Zwar haben die größten UDDI-Betreiber im Jahre 2005 ihren Dienst eingestellt, jedoch gibt es noch zahlreiche weitere Anbieter von UDDI-Diensten und schließlich ist es nicht unbedingt nötig Webservices zu publizieren, wenn Sie für eingeschränkte/bekannte Nutzerkreise entwickelt worden sind.[12]

### 4.8    BPML – Business Process Modelling Language

Die BPML ist ebenfalls eine Metasprache, welche es erlaubt Geschäftsprozessmodelle zu beschreiben. Auch hier erfolgt eine Orchestrierung von Geschäftsprozessen, nur in diesem Fall in Form von in WSDL beschriebenen Webservices.[13] Dies minimiert den Investitionsaufwand enorm, wenn intern bereits ein gewisser Anteil an Geschäftsprozessen beständig ist, welcher mit Hilfe von Webservices abgedeckt wird. Hier stecken ebenfalls hohe Kostenminimierungspotenziale, sofern das Ziel verfolgt wird das Unternehmen konsequent an den Prozessen auszurichten und somit auch die service-oriented Architecture (SOA) einzuführen.

Der Vorteil in der Nutzung von Webservices liegt u.a. in der flexiblen Lasten-verteilung und der guten Skalierbarkeit.

### 5.    Fazit

Die Nutzung von Standards ist innerbetrieblich eher kontraproduktiv, da hierdurch effiziente und etablierte Geschäftsprozesse an einen Standard

---

[12] vgl. [wikiUDDI]
[13] vgl. [wikiBPML]

angepasst werden müssten. Dies würde letztlich die Flexibilität einschränken und u.U. Wettbewerbsvorteile mindern, was unbedingt zu vermeiden ist.

Zwischenbetrieblich können durch den Einsatz von Standards enorme Kosten eingespart werden. Medienbrüche würden auf ein minimales Maß reduziert und gebundene Ressourcen wieder freigeben werden. Zudem würden die betreffenden Geschäftsprozesse deutlich schneller ablaufen und weiterhin wird die Fehler-anfälligkeit minimiert.

Neben der Reduktion der laufenden Kosten und dem Zuwachs an Handlungs-spielraum in der Vertriebspolitik, kann durch die verbesserten Durchlaufzeiten auch die Kundenzufriedenheit gesteigert werden, was sich langfristig positiv auf den Marktanteil auswirken kann.

Insgesamt stehen lediglich die hohen Investitionskosten für die Einführung der Standards und die Vereinbarung der Kommunikationsregeln mit den Partnerunternehmen diesen Vorteilen entgegen. Nachdem die Tragweite und der breite Anwendungsbereich dieser Standards für die SPEEDSTEEL AG derartig vielfältig ist, kann davon ausgegangen werden, dass sich der Einsatz mittelfristig amortisiert haben wird.

Die wichtigsten Standards sind zusammenfassend:

-        myOpenFactory (Durchführung des zwischenbetrieblichen EDI)
-        SOA-Standards (WSDL, XML, SOAP) und BPML
         (bei service- /prozessorientierter Ausrichtung des Unternehmens)

Sowohl myOpenFactory, als auch die SOA-Standards werden von der jeweilig unterstützenden Organisation weiterentwickelt. Sie sind neuen Technologien gegenüber sehr anpassungsfähig, entsprechen somit den definierten Modalzielen und tragen optimal zur Erreichung des Finalziels bei.

# Quellverzeichnis

[CLex]          Fachlexikon Computer, Brockhaus Verlag,
                ISBN: 3-7653-0250-3,  S. 836

[ebXML]         Organization for Advancement of Structured Information Standards
                http://www.ebxml.org/

[EckCas]        XML, Eckstein et Casabianca, O`Reilly Verlag, 2. Auflage 2002
                ISBN 3-89721-235-8, S 5ff.

[EDIFACT]       United Nations Economic Commission for Europe / EDIFACT
                http://www.unece.org/trade/untdid/welcome.html

[IETF]          Internet Engineering Steering Group, RFC 2020
                http://tools.ietf.org/html/bcp9#page-1-3

[Keller]        Enterprise Application Integration, W. Keller, dpunkt-Verlag
                ISBN: 3-89864-186-4, S. 11

[Mertens]       Integrierte Informationsverarbeitung 1, P. Mertens, Gabler
                ISBN: 978-3-8349-1645-7, S.1

[MyOpenFactory]    MyOpenFactory Software GmbH
                   http://www.myopenfactory.com

[wikiBPML]      Wikipedia – die freie Enzyklopädie, Stand: 03.04.2012
                http://de.wikipedia.org/wiki/Business_Process_Modeling_Language

[wikiSOAP]      Wikipedia – die freie Enzyklopädie, Stand: 03.04.2012
                http://de.wikipedia.org/wiki/SOAP

[wikiUDDI]      Wikipedia – die freie Enzyklopädie, Stand: 03.04.2012
                http://de.wikipedia.org/wiki/Universal_Description,_Discovery_and_Integration

[wikiMOF]       Wikipedia – die freie Enzyklopädie, Stand: 03.04.2012
                http://de.wikipedia.org/wiki/MyOpenFactory

[wikiWSDL]      Wikipedia – die freie Enzyklopädie, Stand: 03.04.2012
                http://de.wikipedia.org/wiki/Web_Services_Description_Language

.